오름 시인선 · 12

영혼의 호숫가에 이는 바람

오름시인선 · 12

영혼의 호숫가에 이는 바람

펴낸날 _ 2011년 12월 19일
지은이 _ 김명아
펴낸곳 _ 기획출판 오름
등록번호 _ 동구 제 364-1999-000006호
등록일자 _ 1999년 2월 25일
주소 _ 대전광역시 동구 삼성1동 122-2
전화 _ 042.637.1486
팩스 _ 042.637.1288
E-mail _ orumplus@hanmail.net

ISBN _ 978-89-90151-67-4

값 8,000원

영혼의 호숫가에 이는 바람

| 김명아 시집 |

Orum Edition

| 서시 |

사랑은 생명이요
생명 있는 모든 것
사랑이요
우주안 모든 것
생명이요

사랑은
참 나를 찾는 거요

나는
껍질 없는 민달팽이요
세상은 나의 분신이요
한 몸이요

세상 사랑함은
나 사랑함이요

나 사랑함이
세상 사랑함이요

사랑은
내가 네가 되는 일이요

나는 당신이요
나는 풀이요 나무요
나는 하늘이요
나는 땅이요 물이요
나는 바람이요
나는 빛이요 꿈이요

나는
빈 껍데기요

■ 차례

제1부 · 생명 | Life

제2부 · 사랑 | Love

제3부 · 평화 | Peace

제4부 · 자유 | Freedom

제1부

생명 · Life

사랑은 생명이요

생명 있는 모든 것

사랑이요

우주 안에
존재하는
유무형의 모든 것

- 생명 -

나목에 매달린
은행 몇 알
추위에 마른 젖을 빨고 있네

- 은행 -

햇살 바람
흙 사랑
물 사랑

- 고향 -

온 생명
사랑하는
짧고 아름다운 시

- 한줄시 -

야-호-
원음의 수만 배로 되돌아와
영혼 출렁이는 소리

- 메아리 -

날마다 아름다운
생각의 탄생
지울 수 없는 발자국

- 흔적 -

은구슬 옥구슬
이슬처럼 영롱한
영혼의 축제

- 시화전 -

물 한 방울
나이를 물으니
영원한 생명

- 물 -

김장 배추 속
들어있는 벌레
어찌하면 좋을까?

- 배추벌레 -

여울목 돌멩이
파란 이끼옷 입고
졸졸졸 무슨 이야기 나누나

- 여울 이야기 -

할아버지는 뜨건 물을
수챗구멍에 버리지 않으셨다
지렁이가 뜨거울까봐

- 할아버지 -

꽃은 나무의 꿈이지만
꽃을 피우는 것은
바람과 햇살

- 햇살 -

바스락 바스락
가랑잎 밟히는 소리
가슴 찢어지는 아픔

- 낙엽 -

꽃지 해당화는 어데 가고
낯선 꽃잔치 시끄러운가
바다가 하얗게 웃고 있는데

- 꽃지 -

비 내리고 어둠 스미는 냇가
원앙이 가족 갈대숲 노숙
긴 겨울밤

- 원앙새 -

산수유 꽃에 묻힌 나와 이별하고
다시 만난 나를 안고 달래는 나
밤이 되면 다시 이별할 나

- 봄날 -

꽃과 새 바람과 햇살이 부르는
뒷동산 올라 예순 해 접고
다시 잉태하는 생명 의식

- 탄생 -

하루살이는 하루가 평생인데
하루도 못 참아
우는 바보

- 하루살이 -

영혼을
긴장시키는
삶의 안내자

- 죽음 -

탯줄 끊어 포기 나누고
비비디 비바디 비비디 부
인연 끊지 못하는 주문

- 모성 -

껍데기는 속이 보이는 거울
알맹이가 차면
껍데기가 아름다워

- 껍데기 -

거미줄에 걸려 발버둥치는
잠자리 한 마리
내 모습

- 잠자리 -

봄비는 생명의 세례
태양은 빛의 세례
기도하는 바람 손

- 축복 -

물에다 총을 쏘는 새
총알은
제 몸뚱이

- 물총새 -

냇물 마시고
흐름으로 맑아져
하늘 담은 강

- 흐름 -

원폭 맞은 버드나무
상처 감추고 서 있는데
상처 감싸지 못하는 사람들

- 히로시마 평화공원 -

밭이랑에 심은 씨앗
영혼의 밭에서 자라
꽃피우는 농부

- 농심 -

지난 밤 강물이
하늘을 부둥켜안고
사랑을 했다네

- 아침안개 -

모든 눈은 볼록렌즈인데
마음의 눈은
오목렌즈

- 볼록렌즈 -

여울목 해오라기
부동으로 서서 기다리고
오리는 먹이 찾아 헤매네

- 해오라기 -

태양과 흙
물과 바람
영원한 창조주

- 생명원 -

부들잎 푸르게 하늘 찌를 때
잉어가 부들초 밑동 끌어안고
부들부들 떨며 몸을 푸네

- 산란기 -

앞마당에 수를 놓았네
빨강 노랑 자주 흰색
꽃인가 나비인가

- 채송화 -

홀로 날갯짓하는 나비
꽃한테 허락도 안 받고
입맞춤 하네

- 나비 사랑 -

잘린 팔 뭉그러진 어깨로
얼룩무늬 전투복 입고
길가에 도열한 상이군인

- 플라타너스 -

옥수수 초록댕기
꽃 대궁 이슬로 머리를 감아
부풀어가는 만삭의 배

- 옥수수 꽃 -

사랑의 샘
빛의 샘
영혼의 샘

- 엄마 눈 -

연둣빛 아기 부채손
살래살래 흔드는 은행잎
누구 배웅 나왔나 마중 나왔나

- 오월 -

지진에 쓰나미 토네이도
멈추지 않는 전쟁과 증오
속앓이로 끓고 있는 지구

- 쓰나미 -

햇살 스미는 밭
흙살 숨 쉬는 두렁에
씨알 들고 손가락 꼼지락

- 시알 -

사월에 날 낳으시고
사월에 아지랑이 타고 가시더니
사월에 목련꽃으로 오신 어머니

- 사월 -

봄바람 한 모금 머금고
초롱처럼 붉어지니
햇살이 쉬어가네

- 할미꽃 -

꿈과 현실, 하늘 땅, 생과 사, 영 육
상반된 것들이 만들어 내는
조화로운 탄생

- 천지 창조 -

흰눈
떨어지기도 전에
파도가 날름

- 파도 -

밭두렁 이슬길 지나며
참깨꽃 향기에 취한
아침 산책

- 참깨꽃 -

사막 한편에 움을 짓고
풀밭 가꾸고 양떼 기르는 이 누군가
높은데서 경배하오니 안아 주소서

- 오아시스 -

여울은 은비늘로 반짝이고
용은 꿈틀꿈틀 거슬러 오르는데
머리도 꼬리도 보이지 않네

- 수미강 -

녹음은 푸르러 가는데
단풍으로 물들어가는
이파리 한 장

- 회갑 -

솟대처럼 쌓아올린 옥구슬
이슬 속에 갇혀있네
마르지 않고 굳어버린 눈물탑

- 맥문동꽃 -

빨간 다알리아 며늘아기 웃음꽃
나비타고 들려오는 목소리
속삭이듯 보내는 마음

- 다알리아 -

어머니 시집올 때
올렸던 족두리 꽃
흔들흔들

- 수국꽃 -

산나리 노랑 나팔
나팔수는 꿀벌
춤추는 호랑나비

- 산나리꽃 -

벌 개미는 향기에 취해 꽃술 더듬고
쌍안경 쓰고 허공 맴도는
고추잠자리

- 벌개미취 -

끝없이 펼쳐진 밀밭 길
아낙네들 레뽀스카 레뽀스카
원숭이 궁둥짝만한 구수한 밀 빵

- 레뽀스카 -

눈 깜짝할 사이
세상 다 보는
하늘 눈

- 번개 -

빛
소리
색 형 질

- 피안의 미 -

연분홍 소녀
망촛대에 업혀 방실방실
무겁다 말도 없이 헤헤헤

- 메꽃 -

가로수 껴안고 앙앙 우는 매미
땅바닥에 주저앉아
애걸하는 손바닥

- 노숙인 -

몸에도 길이 있네
밥길 숨길 물길
금강 흐르네

- 금강 -

뭘 그리다 말았나
테두리만 그려놓은 채
이마에 비문 새기며 가네

- 조령고개 마애선정비에서 -

로버트와 미셸 루트번스타인 부부
영혼을 부활시키는
성자

- 생각의 탄생 -

수직 상승하는 나로호
우주로 향하는 영혼의 질주
평화와 생성의 에너지 분출

- 나로호 발사 -

영혼마저 길을 잃고
허공을 헤매네
어디로 갔나 나로호

- 나로호를 잃고 -

레일 위 달리는 기차
덜커덕 멈추었다 가는 소리
고요의 순간

- 마디 -

머리채 화분에 박고
입술로는 돌을 빨고
서있는 푸른 물구나무

- 난초 -

벌판에서 하늘 향해 부르는 이름
어 머 니 아 버 지
세상에 하나이신 님

- 하나님 -

흙살 긁어내리니
알몸으로 옹기종기
어깨 기대고 선 울산바위

- 고구마 -

먹으면 몸이 되고
품으면 생명 탄생
먹을까 품을까

- 알 -

울퉁불퉁 노란 모과
얼굴 머리 구별 없는 대머리
삐뚤어진 뒤통수

- 모과 대가리 -

낙엽 진 자리
꽃눈 하나
복슬복슬 솜털 옷 입고 있네

\- 씨눈 -

푸른 잎에 모아 둔 햇살
토하는 단풍
바람이 달래주네

\- 단풍 -

풀뿌리 돌부리 다 품고도
배 아픈 줄 모르는
바보 엄마

\- 대지 -

겨드랑이에 고춧가루 뿌리고
사타구니에 파 마늘 다져넣고
까나리 액젓 쓰라려 죽겠네

- 김치 -

내 몸 빌어
낳으신 하나님의 아들
온 정성 다해 기르는 어머니

- 성모 -

흐르고 날고 얼고 스미는 물 여행
시간의 파도 넘을 때마다
다시 나는 기쁨

- 다시나기 -

민들레 노란 웃음
흰머리 곧게 솟은 왕관 받쳐 들고
기다리는 아슬한 바람

- 민들레꽃 -

태어나면서 죽기 시작
61년 죽이고
얼마나 남았나

- 방정식 -

온갖 뿌리 살에 묻고
긴 숨 불어 꽃피우고
열매 짓는 엄니

- 흙 -

우리 집 큰 식구
주먹 눈알 굴리며
송아지 몸뚱이 핥는 어미 소

- 큰 식구 -

펠리칸 새는 무슨 색일까?
숨 멎을 것 같은 멕시코만
기름 좀 거두어다오

- 검정 펠리칸 새 -

애고추 달랑달랑 꼬부랑 애기오이
감자 고구마 땅콩
모두 임신 중

- 텃밭 -

'아버님 닮았어요.'
아버지를 낳은 여인
며늘아기

- 어머니 -

부모는 나무 기둥
자식은 나무 가지
손자는 파란 열매

- 손자 -

척박한 땅에서
제 모습 지키며
시향 풍기는 불립 문자

- 다육이 -

생명의 천국 지구
천사꽃 신선꽃
꽃밭 가꾸는 정원사

- 정원 -

무우 배추 김치에
우거지 된장국
쌀밥 한 사발

- 행복 식단 -

가죽나무 등허리 타고 올라
하늘 향해 웃는
노을 속 햇님 미소

- 능소화 -

제2부

사랑 · Love

사랑합니다.

당신과 함께하는

온 생명을!

엄마 젖 빨던
첫 기억
엄마의 눈빛 사랑

- 모성 -

은구슬 모아 은쟁반 되면
연잎 접어 꽃봉오리
얼굴 씻어주네

- 연잎 사랑 -

봄비에
검게 젖은 늙은 벚나무
꽃눈마다 맺히는 눈물방울

- 산고 -

우리가 나비라면
당신은 나의 꽃
나는 당신의 꽃

- 나비 -

어제보다 더 부풀어진
진달래 꽃망울
단추 터진 앞가슴

- 꽃망울 -

먹고 싸는 일상인데
받아들이기 만하고
버리지 못하는 비만

- 비움 -

내 사랑이
그대에게 고통일까 봐
혼자 하는 사랑

- 상사화 -

앉아서 세상 다 보이고
온갖 소리 다 들려
가리고 막아야 천구

- 시뮐라시용 -

눈물 콧물에 진땀 흘리며
가슴에 안고 거슬러 걷는 까닭은
해가 동에서 떠 서로 가기 때문

- 마파람 -

가슴 속 불
영혼 속 빛
불과 빛의 만남

- 열정 -

병든 몸 끌고 다니며
약한테 감사하는 바보
몸에 든 신 섬기지 못하고

- 바보 -

술병을 놓고
주님이라 불러
주님을 노엽게 하는 자

- 주책 -

미움도 사랑
사랑은 끌어안지 않는 것
나무처럼

- 고독 -

꽃반지 끼워주고
꽃시계 채워주고
꽃목걸이 걸어주던

- 토끼풀밭 -

그리워
지워지지 않는 그리움
하늘 떠다니는 그림 한 장

- 추억 -

심심산골 홀로 서서
천수 등불 밝혀들고
법문하는 관세음보살

- 오동나무 -

밖에 있는 줄 알았더니 안에 있고
내쫓은 줄 알았더니 함께 살며
나를 사랑하고 있네

- 원수 -

남을 가르치기는 힘들지만
무엇이든 찾을 수 있네
내 안에서

- 자화상 -

보이는 것을 통해
보이지 않는 것을 보는
영혼의 창

- 심미안 -

즐길 수 있는 역할
기르는 것이
진정한 공부

- 학생 -

언 강물 꿀꺽 꿀꺽 흐르듯
구멍 난 가슴 속
떠내려가는 얼음장

- 입춘 -

영롱한 아침 이슬
풀잎은 바늘 혀로 어루핥고
연잎은 수은처럼 모아 마시네

- 백로 -

가슴 얼마나 시려
찌르륵 찌르륵
영혼의 창 두드리나

- 찌르레기 -

여울목까지 참아오다
소리 내 울고 가네
눈물 허공에 뿌리며

- 냇물 -

허공을 수직으로 뛰어 올라
온 몸 바르르 떨며
아침 예불 올리네

- 잉어 -

강물도 부들숲 이르면
비비새 노랫소리 들으며
물닭과 놀다가네

- 흐름 -

수미강 부들 숲
갓 깬 물병아리
어미 등 올라 삐약 삐약

- 물병아리 -

꽃을 그리니 향기가 나고
사람을 그리니
가슴이 아리네

- 그리움 -

고향 강변 패랭이꽃
예와 피었네
종달이 소리 어디에 두고

- 패랭이꽃 -

등에서 밀어주는 등바람
발걸음 가벼워 신나고
포근히 안아주는 엄마손

- 등바람 -

산비둘기 잿빛 울음
어느 영혼의 한 맺힌 통곡인가
어머님이 오셨나

- 산비둘기 -

꽃등에 아기 업고
헤벌어지게
웃는 꽃

- 호박꽃 -

사랑 듬뿍 심고 길러
꽃피워 열매 거두는
행복한 사람

- 씨앗 -

꽃 옆에서 꽃이 되고
나무 아래서
나무가 되는 사람

- 사랑새 -

푸른 하늘 초록 세상
아장 아장 어린이 꽃
어른이 꽃 어린이

- 어른이 꽃 -

흙벽에 수꺼멍으로 그린
어머니 얼굴
새기다 만 마애불

- 마애불 -

연둣빛 이파리
여름엔 파랗게
가을엔 붉게

- 잎새꽃 -

천수를 하늘 향하고
손바닥 펴 꽃을 피웠네
나무 관세음보살

- 나무연꽃(木蓮) -

등어리에 핀 등꽃에
죽염 알로에 마사지
나이 들어 핀 꽃 사그라질까

- 아 내손 -

진달래꽃이 피면
영혼의 창 떨리고
불타는 분홍가슴

- 진달래 -

사랑합니다.
당신이 하는
아름다운 생각을!

- 좋은 생각 -

따듯한 가슴 속
영혼의 빛으로 발효된
언어의 향기

- 시어 -

마음을 흠뻑 적시고
영혼이 푹 빠져 흔들거릴
호리병이 잘름잘름 기다리는 곳

- 갈마 주막 -

이것은 바람의 유희가 아니라
신의 숨결이다
신께서 써넣은 신의 문자

- 사막 -

거제 둔덕 방하리에
소년들 심장에 열정을 심어준 유치환
지금도 살아계시네

- 청마 기념관에서 -

노란 꽃
하얀 꽃 가운데
얼굴 빨개진 연

- 홍련화 -

섬 섬 섬
밤이 되니 모두 하나
초롱초롱 눈을 뜬 섬들

- 밤 바다 -

가죽에 오디물감 갈대로 쓴 코란경
읽지 못해 부끄러워
알라신만 부르네

- 코란경 -

아라비아 숫자는 아랍에서 왔고
아라비아 공주는 꿈속에 공주라니
찬란한 인류 아랍문화

- 아라비아 -

하스티만 사원 아랍문자 교실
갈대 필 춤추는 선의 선방
풀 숲 새들 노래 소리 들리네

- 아랍문자 -

동방박사의 손자와
아라비아 공주의 손녀가
꿀 향기 머금고 동쪽으로 가네

- 꿀 맛사지 -

타쉬겐트에서 사마르칸트까지
야생마처럼 달리며
지극정성 다한 고려인 2세 장로냐

- 가이드 징로냐 -

아침부터 노래하는
베짱이 팔자
나는 개미 팔자

- 아 내 팔자 -

당신 없는 빈자리
적막과 고독이 차지하고
기다림이 그리움으로 밤 지새네

- 빈자리 -

당신 만나 손잡고
나비처럼 이 꽃 저 꽃
날아다니는 춤판

- 부부 -

빗방울은 정수리에 떨어지는데
가슴 속 빈 방
울리는 빗소리

- 노박이 -

술에서 깨어나
한숨으로 가슴팍 후려내고
바라보는 하늘 거울

- 허새비 -

어머니
마리아께서
날 두고 가셨어요

- 심곡 -

병들어 죽는
마지막 여정을 포기하는
비겁한 살인

- 자살 -

아내가 사온 개미인형
배를 만지니 도르륵도르륵
바가지 긁는 소리

- 인형 -

사랑 한 잎 주세요
설렘 하나 주세요
“가지고 있는거나 챙기세요”

- 시담 Q -

사랑과 설렘 입금했어요
힘들 때 찾아 쓰세요
비밀번호는 최선이예요

- 시담 A -

더운 국 좋아하면 각시 사랑 받는대서
입천장 벗어지도록 마셨는데
신랑을 아들처럼 기르네

- 각시 사랑 -

너와 나
우리 사랑
어여삐 보아주는 사랑

- 뜨리앙 러브 -

아비를 닮지 마라
어미를 닮지 마라
너답게 살아라

- 아들에게 -

마당에 고추 너는 여인
쪼그리고 앉아
치마 밑 지구 품고 있는 어머니

- 박경리 선생님 -

언제 어디서
누가 보아도
아름다운 사랑

\- 누가 보아도 -

물 대접에 잉크 한 방울
하늘 한자락 물고
머리 푸는 영혼의 춤

\- 춤 -

이슬 한 방울 머금은
분홍 입술에
쏟아지는 햇살

\- 꽃미중 -

인간이 인간을
벌하지 못하는 건
신이 아니라서

- 용서 -

내 눈에 네가 보이듯
내 가슴에
네 마음이 보여

- 나와 너 -

어머니 여윈 슬픔
대신 울어준 값으로
땅콩밭을 헤집어 먹었네

- 비탄 -

꽃보다 아름다운
꽃망울 미소 머금은
당신의 입술

- 백제의 미소 -

술 한 잔에
짧은 한 마디
안주처럼 아끼는 말씀

- 시인 임강빈 -

자연을 사랑하지 않을 때
자연도 우리에겐
공포의 대상

- 자연 -

인간이 모든 생명체보다
우월하다는 생각
폭력의 불씨

\- 오민 -

있는 대로 보이는 대로
다듬어도 보이는
어쩔 수 없는 그림자

\- 마음 -

어린이
어른이 꽃
어린이 꽃 어른이

\- 어린이 -

마음 밭에 씨앗 심고
생각 키워가는
농군

- 선생님 -

자신한테 잘못해
제 발로 걸어가
갇히는 곳

- 병원 -

나이도 잊고 자손들 이름도 잊은 채
생신 맞아 기도하는 장모님
생신 축하드립니다

- 독백 -

제3부

평화 · Peace

온 세상 온 생명

제 자리에서 제 모습으로

있게 하소서

독가스로 탈색된 회색 머리카락
덤불처럼 갇혀있는 기억
존엄한 생명

- 아우슈비츠 수용소의 기억 1 -

고물상처럼 쌓여있는 신발무더기
주인은 어데 가고
구경꾼만 찾아오나

- 아우슈비츠 수용소의 기억 2 -

도솔산 도솔봉
도솔정 솔바람
도솔천 물맛

- 도솔산 -

바위는 솜이불 덮고 누워
얼음장 아래 자장가 소리에
잠들어 있네

소금강 -

앞에서 보드득
뒤에서 부드득
온종일 눈길 대화

- 발왕산 오름길 -

징검다리 건너는데
물속 몸 그림자
거꾸로 걸어가네

- 징검다리 -

산새는
카랑카랑 죽비를 치고
딱따구리가 목탁을 치네

- 겨울 숲 -

둥구나무는
할아버지의 할아버지들
얼굴도 목소리도 죄다 안다

- 까치소리 -

배턱에 배 한척
송아지처럼 밧줄에 묶여
주인 기다리네

- 오얏나루 -

강뚝길따라 핀 달맞이꽃
이슬 묻은 풀벌레소리
촉촉이 흔들리는 달빛

- 여름밤의 추억 -

해녀는 바다가 좋아
누운 채 섬이 되어
다 보이는 섬

- 다보도 -

마경산 마루에 이르니
산비둘기 사랑노래
낙엽 한 잎 뱅글 내려앉네

- 마경산 -

상상이 망상이 되는 테러
삶의 비전을 막는
테러비전

- 테레비전 -

떡갈봉에 부는 바람
온 누리 돌고 돌아
머무를 줄 모르네

- 떡갈봉 -

아침 해오름으로 웃고
푸른 하늘 태양으로 빛나고
노을빛으로 미소 짓는 석양

- 하루 해 -

해쑥 한 주먹 뜯어다
된장국 끓이니
쑥향기에 봄눈 떴네

- 쑥국 -

빛과 바람이 되어
세상 열어줄 수 있는
영혼의 창이 될 수 있다면

- 소망 -

지비르 지비르 지비르
찌비르 찌비르 찌비르
산새도 주문을 외네

- 산새 -

매화는 호호호 목련꽃 하하하
민들레는 히히히
벚나무 가지에선 까르르르

- 봄의 미소 -

우유 빛 하늘에 계란 후라이
곱게 익어가는 퇴근 길
노을 속 퍼지는 카리용 선율

- 혜천대 고개에서 -

나뭇가지 마다 햇살 내려앉아
잎눈 꽃눈 간지럽다
웃음보 터졌네

- 꽃웃음 -

입술 하얗게 벌리고
돌아서서 부르는
하얀 노랫소리

\- 목련화 -

진달래 꽃잎 속
흐르는 분홍강
하늘 오르네

\- 하늘강 -

밤 벚꽃나무 아래
고개 드니
은하수 하얗게 내려와 있네

\- 벚꽃 -

산비탈 조팝나무
햇살에 터지는
하얀 튀밥

- 조팝꽃 -

홀로 생각하고
스스로 표현하는
홀로서는 삶

- 미루나무 -

백일홍 천일홍 메리골드
꽃씨 묻으니
꽃이 피네

- 영혼의 호숫가에 -

구름처럼 가고 싶네
바람처럼 소리 없이
햇살 맞으며

- 구름 -

약속 없는 기다림
기다리는 이 없어도 피는 꽃
해는 뜨고 지고

- 기다림 -

오월 푸른 잎
소복소복 하얀 떡가루
오월의 눈꽃

- 이팝꽃 -

볼프강 호수 푸른빛에
가라앉은 흰 구름
출렁임으로 탄생한 모차르트

- 볼프강 호수 -

거꾸로 누운 초록산
흘러가는 구름
가슴 적시는 고요

- 금강 -

밤은 어둠으로
형상을 감추고
영혼을 잠재우네

- 밤 -

괴곡보 넘치는 물소리
수면 피어오르는 아침 안개
하늘로 흐르는 강

이침안개 -

새벽마다 몰래 내려
초록 얼굴 씻어주는
햇살 머금은 아침이슬

- 이슬 -

새들의 이야기를 노래라 하고
바람의 노래를 소리라 하면서
사람의 이야기는 듣지 못하네

- 아다다 -

엊저녁 밭에서 쥐어뜯던 쇠뜨기
가지마다 이슬 매달고
아침햇살 받으며 기도하는 관음보살

- 유월의 크리스마스 -

연분홍 철부지 소녀처럼
입술 벌려
입 안 다 보여 주네

- 개마꽃 -

함박꽃 몽울 동자승머리
삐죽 터지는 빨간 입술
세상 바라보는 첫 눈짓

- 함박꽃 -

상추 옥수수 땅콩 강낭콩
골골이 시를 안고
곰실대는 흙살

- 시골

시끄러운지도
더운지도 모르는
대장장이

- 고요 -

존재를 시인하고
아름다움 노래하며
생명의 응답으로 기뻐하는 사람

- 시인 -

하늘 높이 종달새 노래
폭포처럼 쏟아지는데
수챗구멍에서 나와 돌 틈으로 숨는 새

- 굴뚝새 -

물푸레나무 댕댕이 넝쿨은 알겠는데
저 풀꽃 이름 모르겠네
아직 멀었군

- 무명초 -

산 그늘에 퍼지는 산비둘기 잿빛 울음
어느 영혼의 한 맺힌 통곡인가
어디 어머님이 오셨나

- 산비둘기 1 -

안개비 축축한데
오늘은 누구 영혼 달래느냐
숨넘어갈 듯 이어지는 통곡

- 산비둘기 2 -

섬들 마을처럼
옹기종기 모여 사는 다도해
오가는 연락선 소리

- 섬 이야기 -

산 아버지 바다 어머니
섬 자식 얼러주어
외롭지 않은 섬들

- 다도해 -

하늘 무너질 무슨 짓 했기에
하늘 떠받치는 미너렛 세웠나
포플러 뽕나무나 심지

- 미너렛 -

레닌의 붉은 광장 우즈베크 독립기념광장
정화대 흰 건물 분수로 물 울타리 치니
물소리 시끄러워 세상소리 들리지 않네

- 정화대 -

중앙아시아 제국의 왕 아미르티무르 영웅
가는 곳마다 신전과 동상으로
되살아나 경배 받고 있네

- 아무르티무르 -

땅 위에서 평화를 얘기하고
땅굴로 2km 남침 자행하고
6·25를 북침이라니

- 제4땅굴 -

남방한계선 을지전망대로 가로막고
너른 분지 평화로운데
펀치볼은 불안해 보이네

- 펀치볼 -

도솔산 도솔봉 을지전망대
장군의 후예들
북한초병 마주하는 묵언의 충성

- 을지전망대 -

초록 세상
초록 얼굴
초록 꽃

- 연잎 -

사람들 모여들어 수군수군
작품에서 눈 못 떼고
가슴 속 박수소리 고요하네

- 박수근 미술관 -

테실한 화강암 마애석불처럼
정을 조아 그린 그림
얼굴 없이 이야기만 들리네

- 빨래터 -

빨래터 아낙네 노상에서 노는 아이들
나무그늘 노인들
순진한 이야기 담아낸 사람

- 박수근 -

구름 몰려와
안개 속
움직이는 그림자

- 노고단 -

선사시대 명학소 사람들
계룡산 생명수 갑천
성스럽게 마셔 대전을 낳았네

- 명학소 -

파도 철썩
기적소리 삼키니
노을이 불그레 웃네

- 동해열차 -

유년에 손뼉 빠져나간
모기의 손자 손자가
손 등에 앉아 수혈 하네

- 수혈 -

쟁기 끄는 소의 하얀 숨소리로
쇠똥구리 경단 굴리는 몸짓으로
하루를 굴리는 군상들

- 공사판 -

신작로 가에 줄지어 서서
하양 빨강 분홍 손
흔들어주던 꽃 미소

- 코스모스 -

푸른 하늘 황금 들녘
논두렁 걸터앉아 들이키는
농주와 농부

- 농주 -

가을 귀뚜라미
별빛 튕기는 소리
밤새우는 씻김굿

- 추야 -

수숫대로 하늘 쓸고
옥수숫대 뭉게구름 그리고
분바르는 강아지풀

- 가을하늘 -

할머니 말씀
'송편 잘 빚으면 예쁜 각시를 얻는단다'
내가 만든 송편이네

- 각시 -

엄마 등에 얼굴 묻고
콧등 비비며 재 넘어 삼십리
외갓집 가는 길

- 밀목재 흘령골 -

매화 꽃 향기
한 모금 물고와 볼 부비고
산수유꽃 깨우러 가네

- 봄바람 -

원시의 습성으로
아직도 모아지는
돌무더기

- 성황당 -

집단 이기의 전장에서
젊음을 접은 영혼이여
평화의 정녕이 되소서

- 천안함 -

탕 속에 드니
물살이 몸뚱이 만지고
안고 도는 물맛사지

- 워터파크 -

불상이 미소 짓는 것은
미소 지어
부처가 되라는 거

- 부처 -

들숨 날숨처럼
들고 나는
밀물과 썰물

- 숨 -

손도 못 흔들고 소리도 못 지르니
소가 대신 꼬리 흔들고
강물만 출렁출렁

- 압록강

호산산성을 리모델링하여 호산만리장성
고려성을 중국성으로
고려사를 중국사로 왜곡하는 중국사

- 호산산성 -

연변아 조선족아 사랑하는 내 동포야
그대는 조선독립군의 후예
통일 대한민국의 씨알

- 연변에서 -

청산리 완루구 천수평 어랑촌
연합 독립군이 일본군을 분쇄시킨 곳
죽창처럼 하늘 찌르는 푸른 옥수수대

- 김좌진장군 격전지 청산리 -

조선족 연변개척 최초 정착지 용정
일송정에서 들려오는 선구자 노랫소리
용두레 물은 말랐어도 혜란강은 유유하네

- 용정 용두레에서 -

선바위 사이 장재말 뒷산 기슭에 누워
밤이면 별 하나에 꿈을 심으며
오가는 사람 향해 민족의 노래를 부르네

- 명동 윤동주 생가 -

알몸으로 서있는 나무들
온 몸 씻어주며
다음엔 솜이불 가져 온다 속삭이네

- 겨울비 -

봄부터 해바라기
허공에서 흔들흔들
푸른 하늘 빨간 삐조리감

- 돌감 -

딱한 우리 아기
한국전쟁의 상처로
아직도 앓고 있구나

- 동란동이 -

강물은 가슴에
하늘 안고 흐르는데
떠내려갈 줄 모르는 흰 구름

- 금강에서 -

강에서는 물안개가
입에서는 입김이
강물도 숨 쉬는 아침

- 수밋들에서 -

생배 터져 나부러진 창자
휘어진 파이프 헝클어진 전선들
비명 없이 간 영혼 출렁이는 인당수

- 천안함772 -

제4부

자유 · Freedom

생명을 사랑하므로

얻어지는 평화

평화 속에 깃드는 자유

나무마다 푸른 손바닥
햇빛 받고 바람 마시게
서로 닿지 않는 푸른 생각

- 자유 -

빈 밭에 서 있는
겨울 허새비
할 일 없어 졸고 있네

- 허수아비 -

낙엽은 나무를 탓하지 않으며
나무발치에 떨어져
발등을 덮어주네

- 낙엽 -

전조등 앞에
쏟아지는 눈발
은하수가 내려앉네

\- 첫눈 -

어머니처럼
하얀 분 바르고
길 나선 은사시나무

\- 사시나무 -

시집 한권 들고
산길 접어들어
한줄시 날리는 방랑

\- 산길 -

꿈은
소원이 아닌
그리는 세상

- 동경 -

달래 냉이 캐다가
달래간장 냉이무침
쑥국에 쌀밥 한 사발

- 달래간장 -

얼굴은 마음의 거울
눈은
영혼의 호수

- 눈빛 -

꽃잔디 꽃이불 덮고
수수꽃다리 바쳐들고
향기춤 추는 라일락

- 라일락 -

바라만 보아도
가슴 설레는 소녀
새아씨 꽃웃음

- 복사꽃 -

초록 잎새마다
실개천 흐르고
강물 하늘로 흐르네

- 오월 -

생각은
영혼의
씨앗

- 생각 -

나뭇가지 위 새들 날개를 털고
여명이 밝아오면
창문 열어 새벽 바람 초대

- 초대 -

상곡리 지네말 거쳐
자진뱅이 고개 산벚꽃 조팝꽃
자지러지는 보곡산골

- 보곡산골 -

얼굴에 비치는
가릴 수 없는
영혼의 빛깔

- 얼굴 -

우주의 빛과 에너지 받아
그늘진 영혼 밝히는
반사경

- 시인의 가슴 -

첫 설렘 지키는 것은
날마다 나무 바라보며
발견하는 기적

- 설렘 -

하늘에서 종달새 노래
폭포처럼 쏟아지는데
수채구멍 나와 돌 틈으로 숨는 새

- 굴뚝새 -

신은 만물을 창조하고
신의 창조물에
의미를 부여하는 사람

- 시인 -

살아있다는 것을 알리기 위해
바다는 꿈틀거리며
파도 춤 추네

- 바다 -

마른하늘 천둥 번개 맞아
팔다리 잃은 나무처럼
나동그라져 하늘 향한 헛손질

- 고애자 -

온 세상 꽃 다 모여
사철 없이 핀
꽃천지 꽃지

- 꽃시 -

사시나무 발목 잘린채 물속에 서서
몸 떨며 내는 신음 소리
눈물 흘리며 잎새 돋우네

- 사시나무 -

말 잘 듣는 팔다리
잡초처럼 제멋대로 자라는
손톱 발톱 머리카락

- 몸 -

뿌리쳐라 뿌리를
따라갈 길 아니니 홀로 가라
함께 갈 길 없나니

- 홀로 서기 -

아름다움
사랑의 샘
찾아 떠도는 떠도리

- 방랑 -

영산홍 바라보노라면
영혼까지 붉게 물들어
무게를 잃는 육신

- 영산홍 -

발길은 어디라도 가는데
허공에 떠도는 생각
머물 곳 없어도 돌아오지 못하네

- 소통 -

초록 세상 봄비 그치니
햇살이 무지개로
물기 거두어가네

- 봄비 -

비비새는 풀 섶에서
사랑노래 즐겁고
여울에서 흐르는 배경음악

- 태초 -

하는 일이 힘들면 노예
즐거우면 신선
날마다 축제로 사는 삶

- 축제 -

정의로운 사람은
불의에 저항하지만
불의에 저항하지 않는 정의

- 자유 -

진정한 자유는
진실치 못한 나로부터
자유로워지는 것

- 치유 -

자판 위에서 손가락 춤추며
글씨를 꽃씨처럼 뿌려
싹 틔우고 꽃 피우는 밭떼기

- 키보드 -

아침에는 나무도 풀도 꽃도
물음표를 물고 있다
새들은 물음표 뱉고

- 물음표 -

갈곳도 없고
따라오는 사람도 없는데
여기저기 기웃기웃 한눈팔이

- 아침 산책 -

풀숲 오솔길에
풀벌레 울음소리
산새소리 물소리

- 아침 교향곡 -

얼굴만 늙는 줄 알았더니
목소리도 나이가 들고
발걸음도 늙어가네

- 세월 -

달이 하얀 구름옷 입고
거울을 보네
별들 촉촉히 반짝이는 호수

- 임하호반에서 -

소나기 내리는 마당에 알몸으로 세워놓고
비누질로 온몸 간지럽히시던 어머니
채송화 과꽃 백일홍 웃음 그칠 줄 몰랐었네

- 소나기 -

하늘이 높다고 쳐다만 보고
별빛이 아름답다 그리워하면
내 안에 채울 수 있는 건

- 공허 -

억센 땅에 억세게 자라
억세게 울 날 아는지
억세게 푸르네

- 억새풀 -

마꽃이 갈대 등에 업혀
방실거리네
갈대는 허리 구부정한데

- 마꽃 -

부들잎에 바람이 갈라지고
빼어 든 칼끝에서
잠자리 노닌다

- 부들숲 -

퍼내도
마르지 않는 샘물
생각의 탄생

- 시샘 -

눈 떠보니
발치에서 자는 죽부인
술 냄새에 취했네

- 죽부인 -

해마다 삼월 정신은
사월의 꽃으로 피어
세상 새롭게 바꿔가리

- 사월에 피는 꽃 -

아내 몰래 입는 구멍 난 속 옷
흠집이 늘어날수록
더 가는 애착

- 허물 -

가슴에 푸른 하늘 흰 구름 담으니
입술 떨며 새어 나오는
휘파람소리

- 산책길 -

문둥이라 손가락질 받는 떠돌이가 낫지
강제수용소 강제노동 생체실험 윈 말이냐
이 썩을 왜놈들아 잠 못 든 넋이 운다

- 소록도에서 -

신성한 몸 영혼의 그릇
신성한 생각으로 피워내는
영혼의 꽃송이

- 영혼의 꽃 -

만인산 오르니
안개에 싸여 천사가 되고
안개 걷히니 신선이네

- 민인산 -

누구의 숨결인가
누구의 손길인가
모래 위 펼치고 지우는 빛과 바람의 이야기

- 바람의 천국 -

세상사람 맞이하고
떠나보내는 인천
하늘 오르내리는 하늘 문

- 인천공항 -

넓은 들 푸른 산
들도 산맥도 아니네
어머님 얼굴 흙주름이네

- 중국 하늘을 지나며 -

바람은 벌판을 달리고
모래성 만들며 한바탕 춤사위로
모래산 더듬어가네

- 울란바토르 상공에서 -

종일 철썩철썩
섬 허리 어루만지다
석양이 오니 손 내려놓네

- 한려수도 -

대한의 민주성지 마산
3·15 함성 대신
눈부신 햇살 반짝이네

- 생명답에서 -

아귀 수육 아귀찜에 아귀젓
아가리에 넣고
아기작거리는 맛

- 아귀할매집 -

모래알처럼 많은 사람의 목숨 끊어
모래 뿌려 피 바닥 감추던 광장
햇살 불화살처럼 뜨거워라

- 레기스탄(모래) 광장 -

까레이스키 소리 듣다가
고려인이라 부르니
조국의 품에 안긴 듯 풀어지는 아픔

- 고려인 -

달밤 눈밭에 오줌발로
상형문자 그리고
뚝방길 소똥처럼 떨어뜨리는 시

- 귀가 -

사타구니에 머리 박고
하늘 쳐다보기
이마 속에 뜨는 별

- 별보기 -

이방인처럼 낯선 거리
입 벌리고 기다리는
화랑들

- 인사동 -

한양 가는 과거길
새재만 넘는 현재길
바람도 쉬어 가는 길

- 문경새재 -

호리병 잘름잘름 동동주 한 병
오이소바기 열무김치 담배 재터리
모두 술친구

- 주막 -

하얀 구름 덮고
만산홍엽
거꾸로 잉태한 여인

- 추담 -

땅도 나무도 바람도
아지랭이 되어
하늘 오르네

- 고흐 -

바람처럼
구름처럼
영원한 떠돌이

- 변신 -

스스로 법을 만들고
자기 법을 지키며
살다 가는 순교자

- 시인 -

아침 시 한 모금
옹달샘 물맛이네
오늘 해는 왜 이리 빨리 떴나

- 새벽 산책 -

눈 쌓인 아침마당
오줌발로 그린
내 이름 내 얼굴

- 첫눈 -

꽃바람 부니
버들피리소리 들리네
어디서 날 부르는 소리

- 버들피리 -

세상 만물
미워도 친구 예뻐도 친구
사랑하는 스승님

- 삼라만상 -

가지마다 자주색 초롱꽃
상들리에 이고
봉황 기다리는 오동나무

- 오동꽃 -

남아공 월드컵 경기장 요리소리 자블라니
온 세상 들썩들썩
부부젤라 소리 꽹가리 소리 오 대한민국

- 자블라니 -

여름 밤하늘 은하수
별똥별 한줄기 쏟아지니
반딧불이 반가워 날아오르네

- 반디불 -

즐거움에서 괴로움으로
괴로움에서 즐거움으로
오가며 겪는 시간의 흐름

- 윤회 -

어디에도 머무르지 않으며
사랑하지도
미워하지도 않는 사람

- 무지렁이 -

벗기고 벗기다보면
알맹이 없는
양파 같은 사람

- 무아 -

밤마다 죽고
아침마다 다시 나는
부활의 기쁨

- 기적 -

한 달에 한 번씩 받는 재판
내분비내과 의사의 판결문
식사조절하시고 운동하세요

- 못나배기 -

맘대로 천연기념물 지정해놓고
자유로운 몸을 우리에 가두고
구경시키는 생태박물관

- 수달 -

내 안의 원수를 사랑하고
내 몸의 병을 사랑하며
함께 사는 삶

- 그림자 사랑 -

블레이드 러너
피스토리우스 앞에서
우리는 두발 달린 장애인

- 피스토리우스 -

구름선풍기 돌리는 하늘
허물 벗겨버리고
알맹이 만드는 세례

- 태풍 무이파 -

떠나는 백령항
배웅 나온 갈매기에게
잘 지켜다오

- 부탁 -

하룻밤 달맞이하다
별들에게 눈총 먹고
눈물로 얼룩진 얼굴

- 달맞이꽃 -

■ 평설

김명아 시인과 생명사랑 한줄시

金容材
시인·UPLI 한국회장

I

김명아(金明我)는 김명순(金明淳)의 필명이다. 소위, 밥을 먹는 속세의 이름을 떼어놓고 밝을 명(明), 나 아(我)로 필명을 삼은 것은 자신을 밝히며 시를 쓰는 삶으로 수도자적 길을 가기 위한 결심의 일환이라고 전한다. 진지한 자기 삶의 성찰 과정에서 얻은 필명이라 생각하며 그 이름값으로 내세운 생명사랑 한줄시가 과연 우리들 시세계의 특급작전으로 효력을 들어낼 수 있을 것인지 점쳐보기로 한다.

생명사랑 한줄시에 대한 언급은 극히 최근의 일이다. 김명순 본인의 이름으로 문학시대 제 24호(2010년 7월)에 처음으로 「생명사랑 한줄시」를 소개했다.

> 「생명사랑 한줄시」쓰기는 우주 안의 보이는 생명체에서 보이지 않는 생명에 이르기까지 사랑하여 생명체의 사랑을 받아 생기 충만한 기쁨을

즐기는 심미적 감성인을 기르는 것이다. 생명체를 사랑하는 한줄 시 쓰기의 패턴이 형성되어 자아를 우주 안 가득 확대시킬 수 있는 형이상학적 인간이 되어 이상 세계 건설의 씨알이 되기를 기대한다.(pp.253-254)

생명사랑 한줄시는 쉽게 말해서 생명체를 사랑함으로서 탄생한 한줄시라 할 수 있다. 여기서 생명체란 우주 안에 존재하는 유무형의 모든 존재를 일컫는다. 일상의 삶을 살면서 인생을 통찰하고 자연을 관조하고, 유무형의 모든 생명체와 교감하는 순간, 떠오르는 생각을 놓치지 않고 글로 잡아둔다는 것이 기본적인 개념인 듯 하고 그렇게 해서 심미적 감성을 기를 수 있다는 것이 교육적 바탕이 되는 듯 하다.

「한줄시」는 한 줄로 된 짧은 시다. 「한줄시」는 독자에게 '어떤 깨달음이 번개처럼 스쳐가는 강한 울림'으로 다가간다. '사물의 본질을 꿰뚫어보는 시인의 통찰력이 어떤 방법으로든 짧고도 절묘하게 표현'되었기 때문이다. 이러한 통찰력은 얼마만큼 '보편타당한 진리성을 획득'하느냐에 따라 독자의 마음에 더 큰 울림을 만들 수 있을 것이다.(p.255)

한줄시는 한 줄, 또는 한 문장으로 된 짧은 시이며 정제된 함축미를 생명으로 하고 있다. 그러나 부가적인 설명에 의하면 시적 효과와 의미 단위의 운율을 표현하기 위해서 3행으로 표현할 수 있고 2행으로 압축할 수도 있으며 4, 5행으로 늘어날 수도 있다.

아울러 ①문장의 종결어미로 '~ㅂ니다'를 쓰지 않고 ②'나'라는 1인칭 표현을 가급적 하지 않으며 ③제목을 뒤에 붙이거나 제목 대신 날짜와 장소를 제시할 수 있으며 ④사진이나 그림을 함께 제시할 수 있으며 ⑤조사를 생략하고 함축미를 살리며, 시작노트를 붙일 수 있다고 한다.

우리들 전통시조 초장(3 · 4 · 3 · 4), 중장(3 · 4 · 3 · 4), 종장(3 · 5 · 4 · 3)의 정형율이나 일본 하이쿠(5 · 7 · 5)의 3구 17자 외형율을 자유롭게 풀어 헤쳐 랩(rapmusic)과 같은 유형의 자유시로 발전시켰다는 의미로 받아들인다면 일단 쉽게 접근할 수 있다는 점에서 긍정적 통찰을 할 수 있을 것이라 본다.

실제로 김명아 시인은 본인이 교장으로 근무하는 중학교 교직원 및 전체 학생들에게 생명사랑 한줄시 쓰기를 지도하고 전교생의 한줄시 창작집 『새내울』1호 및 2호를 발간한 바 있으며 그 작업은 전출한 학교에서도 계속하고 있다. 더불어 지난 10월(4일-14일)에는 대전교육미술관 갤러리아에서 제 1회 김명아 생명사랑 한줄시 도예시화전을 열어 좋은 반응을 보이기도 했다.

II

김명아(김명순)시인은 1981년《호서문학》제 7집에 「묘역(墓域)」과 「도요새」두 편을 발표하면서 문단활동을 시작했고 1997년 《교단문학》으로 등단절차를 거치기도 했다.

하늘을 가르고
바람 위에
조약돌 하나 캐놓고 보면
숨었던 님의 이야기

모래 사장

갈리듯

껍질 속엔

바다를 타고 온 밀어

모래알

물어 뱉으며

주둥이 긴

도요새 한 마리가

도요도요

잠 못 자는 밤을 산다

-「도요새」 전문

하늘 가르고 날라 온 바람과, 바람 위에 캐 놓은 동글동글 어여쁜 조약돌과 숨었던 님의 이야기, 그리고 바다를 타고 온 밀어와 모래알 물어 뱉는 주둥이 긴 도요새의 낭만이 있는 저 의식의 풍경 속에 잠 못 이루는 삶을 펼쳐놓은 그 시심은 김명아의 신선한 가슴이었다.

그로부터 30년, 이제 첫 시집을 내 놓는 시인은 여러 가지 착잡한 감회가 교차할 것이라 생각해본다. 물론 그동안「Shelley 시의 Nature Imagery 연구」라는 논문으로 석사 학위를 받았고 「Shelley 시의 이상주의와 사랑」이란 논문으로 박사 학위를 받았다. 대전광역시교원단체총연합회 선거직 부회장을 역임했고 일선학교 교장으로, 또는 대학 강단에서, 그리고 문학단체 간부로 활동하기에 분주해서 오히려 시인으로서의 역량이 가려있었는지도 모른다. 그래서 이번 시집이 더욱 주변의 시선집중으로 관심의 대상이 되어 있다는 생각이 떠나질 않는다.

더구나 그동안 발표해 온(적지 않은 분량으로 추측되는) 자유시편

들을 제쳐놓고 생명사랑 한줄시를 앞세운 그 중량감은 어떻게 생성되었는가, 생각해 볼 필요가 있을 것이다.

김명아 시인은 앞에서 밝힌 바와 같이 대학과 대학원에서 영문학을 전공했고 특히 영시의 숲을 헤치며 그 광범위한 시인들의 시세계를 두루 살폈다. 그런 가운데 파운드(Ezra Pound:1885-1972)를 비롯한 여러 시인들이 일본 히이쿠를 논하고 그 영향을 받았다는 사실을 함께 알게 되었다. 그래서 하이쿠의 세계도 살펴보고 그 하이쿠가 오늘날까지도 크게 부각되고 있다는 사실을 알게 되었다.

5,7,5의 17음(音)형식으로 이루어진 하이쿠는 해학적이고 응축된 어휘로 인정과 사물의 기미(낌새)를 재치있게 표현함으로서 미의식을 함축적으로 나타내고 있으며 대중시로서의 확고한 자리를 잡고 있다. 이 하이쿠는 함축적인 자신의 감정과 심층적 정서를 표현하는 수단으로 일본인에게는 이것이 생활방편이 되어 있고, 아울러 하이쿠의 국제화로 세계 각국에서는 자국어로 하이쿠를 짓는 모임이 만들어지고 있다는 소식이다.

한 낮의 정적,
매미 소리가
바위를 뚫는다
　　바쇼(1644-1694)

너무 울어
텅 비어 버렸는가,
이 매미 허물은
　　바쇼(1644-1694)

바쇼(芭蕉)는 일본 겐로꾸시대 시인으로 당시 하이쿠의 경박한 점을 통탄하며 교오또, 에도 등지를 방랑하였고, 종래 하이쿠의 저속성을 버리고 독특한 시풍을 창시하여 예술적 표현을 높인 것으로 알려져 있다. 특히 명구, 기행문, 일기 등을 많이 남겼지만 그의 하이쿠는 수백년이 지난 오늘날까지도 인간 정신의 여백을 침투하는 매력을 지니고 있다 할 것이다.

The apparition of these faces in the crowd;
Petals on a wet, black bough.

군중들 사이에서 홀연히 나타난 이 얼굴들,
축축한 검은 가지에 매달린 꽃잎들

에즈라 파운드의「지하철역에서」(In a Station of the Metro)전문이다. 이 시는 시인이 파리의 꽁꼬르드(La Concorde) 지하철역에서 겪은 실제적인 경험을 바탕으로 하고 있다.

어둑한 지하철역, 차에서 내리는 그 많은 얼굴들의 인상을 '축축한 검은 가지에 매달린 꽃잎들'의 이미지로 대치해 놓은 것이다.

순간적으로 마음에 찍힌 얼굴들의 영상을 일체의 설명어를 배제하면서 거기에 꼭 들어맞는 이미지만으로 바꾸어 놓는 작업을 한 것이며 그 작업은 곧 시 쓰기의 역량인 것이다. 시인의 자술에 의하면 처음 30행의 이 시를 2행으로 바꾸어 놓는 데 1년이 걸렸다고 한다. 얼굴과 꽃잎이 색채와 윤곽 면에서 근접(일치)해 있고 배경화로서의 군중과 검은 가지의 상관성이 완벽에 가깝다 하여 이미지즘 시의 전형으로 꼽히고 있다. 이 시가 곧 하이쿠의 영향을 받았다고 하는 사실이 많이 알려져 있는 것이다.

III

김명아 시인은 자신이 살핀 타인들의 시세계에서 자신의 시를 다시 찾았다. 그것은 짧은 시, 간편한 시, 누구나 쓸 수 있는 시, 모든 생명체와 교감할 수 있는 시, 사랑으로 탄생하는 시, 심미적 감성을 길러주는 시… 그것이 생명사랑 한줄시인 것이다.

나무에 매달린
은행 몇 알
추위에 마른 젖을 빨고 있네
- 은행

야-호-
원음의 수만 배로 되돌아와
영혼 출렁이는 소리
- 메아리

할아버지는 뜨건 물을
수챗구멍에 버리지 않으셨다
지렁이가 뜨거울까봐
- 할아버지

여기「은행」은 유형의 사물이고「메아리」는 무형의 소리이며「할아버지」는 인간이다. 각각의 다른 소재이면서 모두 사랑을 근본정신으로 근저에 깔고 있다. 은행은 추위에 떨고 있는 상황이지만 젖을 빨고 있는 동력이미지를 통해 어머니와 어린아이의 따뜻한 사랑의 행복감을 추구하고 있다. 아울러 은행과 젖꼭지의 외형적 유사성이 생동감을 자극한다. 그러나 마른 젖의 이미지가 추위 속에 들어박힌 현실감각을 잘 일깨워준다.

메아리는 원음 즉 본래의 소리에 마력과 매력이 더해진 것이다. 이 시에서의 원음은 '야-호-' 이다. 그 원음은 기쁨이나 경이로움 쪽에 있는 것이며 저기압이나 슬픔 쪽에 있는 것이 아니다. 그래서 영혼 출렁이는 소리가 되는 것이다.

할아버지는 가장 인간적인 인간의 표본이며 사랑의 심볼이다. 전혀 무의미한 대상의 미물에까지 사랑을 실천하고 생명을 존중한 본보기의 생명사랑 철학이며 휴머니즘이다.

하루살이는 하루가 평생인데
하루도 못 참아
우는 바보

- 하루살이

물에다 총을 쏘는 새
총알은
제 몸뚱이

- 물총새

봄비에

검게 젖은 늙은 벚나무

꽃눈마다 맺히는 눈물방울

- 산고

「하루살이」는 보통 생활이나 목숨의 덧없음을 비유하는 말로 인용되지만 그 의미망이 한가지로 단조로운 것은 아니다. 인생의 긴 항로에서 본다면 하루는 참으로 짧은 시간이고 그 짧은 시간을 인내하지 못하는 인생을 바보로 보지만, 하루살이의 하루가 평생인 것을 생각하면 하루를 못 참는 인생은 평생을 못 참는 인생이며 그런 인생은 우리들 인생이 아니어야 당연한 것이다. 평생을 못 참는 울음이 있다면 그 울음을 감당해야 할 인생은 바보가 아니라 운명으로 있어야 할 것이다. 한줄시도 따지고 보면 기나긴 인생문제가 들어차 있다.

「물총새」는 어찌 보면 전혀 헛된 삶의 현실적 양상을 보여주고 있는 듯 하지만 그렇지는 않다. 오히려 가장 진지하고 심각한 생활철학이 각인된다. 제 몸뚱이가 총알이고 총을 쏘아야 먹고 살 수 있는 운명이라면 총 쏘는 것이 곧 삶이 되는 것이다. 먹이사슬의 섭리 속에서도 생명파괴의 슬픔을 모두 떨쳐버릴 수 있다면 총을 쏘는 현실도 그렇게 아프지는 않을 텐데… 시의 세계는 오묘하다.

「산고」는 파운드의 「지하철역에서」를 연상케 한다. 검은색과 늙은 벚나무의 이미지, 꽃눈과 눈물방울과의 상관성이 산고(産苦)속에 태어난 또 하나의 이미지즘을 전해주고 있다. 이미지즘은 일상의 적확한 언어가 생명력을 가중시킨다.

그리워
지워지지 않는 그리움
하늘 떠다니는 그림 한 장
　　　　　　　　- 추억

언 강물 꿀꺽 꿀꺽 흐르듯
구멍 난 가슴 속
떠내려가는 얼음장
　　　　　　　　- 입춘

나뭇가지마다 햇살 내려앉아
잎눈 꽃눈 간지럽다
웃음보 터졌네
　　　　　　　　- 꽃웃음

지나간 일들은 모두 아름답다(All that is ancient is beautiful.)는 영국 속담이 있다. 지나갔지만 지워지지 않는 그리움 때문이다. 그리움은 보고 싶고 함께 나누고 싶은 마음과 사모하는 정이 바탕이 된다. 모두 추억 속에 있는 것이고 그 추억이 하늘 떠다니는 그림 한 장이라고 했다. 나타났다 사라지고 사라졌다 다시 나타나는 하늘의 그림, 구름일까, 무지개일까, 저녁놀일까, 철새일까, 무엇 그런 것들과 같은 존재일 텐데 마음의 눈에 보인다거나 기억에 머물러 있을 때 시심과 함께 더욱 아름다운 것이다.

「입춘」이나「꽃웃음」은 한 폭의 그림이다. 입춘은 추위 풀리고 얼음 깨지고 강물 함께 흘러가는 정경인데 '꿀꺽 꿀꺽'이라든가 '구멍 난 가슴 속'같은 표현이 입춘의 정경을 수 놓는다 할 것이다.

「꽃웃음」은 나뭇가지에 돋는 잎눈 꽃눈의 봄풍경인데 새처럼 내려앉은 햇살의 어른거림이나 잎눈 꽃눈의 간지러움과 터진 웃음보가 환한 조화를 이루고 있어 시어들이 따뜻하고 곱게 향기를 피우는 듯 하다.

Ⅳ

이상 김명아 시인과 김명아 시인이 펼치고 있는 생명사랑 한줄시에 대한 개론적 근거를 추적해 보았다. 모든 생명체와의 공감과 사랑의 에너지가 바탕이 된다면 어떠한 시가 탄생된다 해도 그 시는 따뜻하고 아름다운 실체로 나타날 수 있을 것이다.

생명사랑 한줄시가 긍정의 깃발을 꽂을 수 있는 또 하나의 근거는 생명사랑과 더불어 자유와 평화를 누릴 수 있는 심미적 감성과 그 감성의 통로를 광범위하게 확장할 수 있다는 것이다. 그래서 가깝게 접근할 수 있고 대중화의 길을 모색할 수 있다는 것이다.

그러나 짧게 쓰고 쉽게 접근할 수 있다는 것이 대중화의 지름길이 되는 것은 아니다. 쉽게 접근하다보면 경박하고 긴장감이 없고 교조적 경직성이나 잠언적 훈시 또는 취미 수준의 여기(餘技) 등 시 이전의 통화매체 수준으로 남을 수도 있을 것이다. 아울러 금언이나, 격언, 경구 등 소위 아포리즘(aphorism) 과 비슷한 그런 지적 단문으로 행세하며 시의 질서를 허무는 결과를 낳을 수도 있을 것이다. 경계할 일이다.

강인한 실험정신과 함축의 수련 등 표현의 외통수를 찾아 부단한 노력을 해야 한다는 당위성 앞에서만 생명사랑 한줄시는 스스로 빛날 수 있을 것이다.